Günter Pump

Das kleine Leuchtturm-Buch
Schleswig-Holstein

Rhino Westentaschen-Bibliothek
Band 95

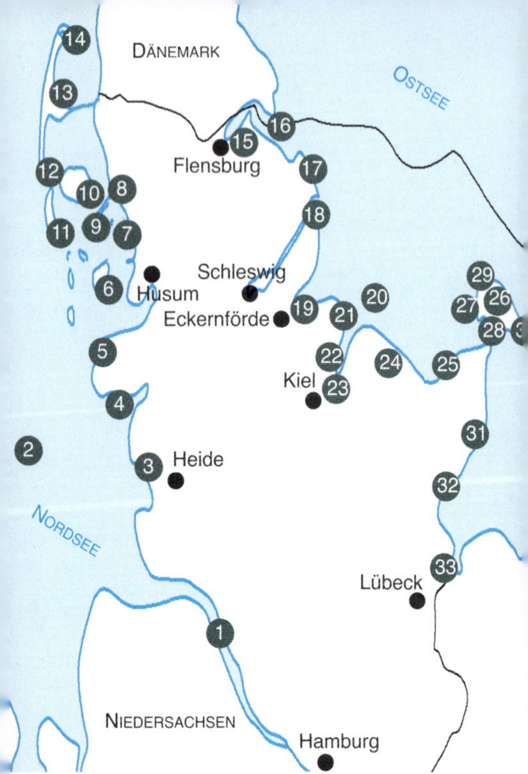

Dänemark
Ostsee
Nordsee
Niedersachsen
Flensburg
Schleswig
Husum
Eckernförde
Kiel
Heide
Lübeck
Hamburg
1
2
3
4
5
6
7
8
9
10
11
12
13
14
15
16
17
18
19
20
21
22
23
24
25
26
27
28
29
31
32
33

Günter Pump

Das kleine Leuchtturm-Buch Schleswig-Holstein

RHINOVERLAG

Fotos: Günter Pump, Nordhastedt, S. 6: Fischer von Erlach

Impressum

Am Hang 27, 98693 Ilmenau
Tel.: 03677/46628-0, Fax 03677/46628-80
www.rhinoverlag.de

Titelbild: Leuchtturm Westerheversand
Titelgestaltung: Günter Pump

2. Auflage 2024
ISBN: 978-3-95560-095-2

Inhaltsverzeichnis

Die Leuchttürme haben eine lange Geschichte, es gibt sie überall auf der Welt. Die größte Gefahr für Schiffe entstand bei der Annäherung an das Land oder an Inseln. Hier war oft die verkehrte Standortbestimmung die Ursache für eine Strandung. So wurde schon früher versucht, die Schiffe mit Feuern oder Fackeln an den Einfahrten zu den Häfen oder Flussmündungen zu lenken. Nach der Überlieferung soll der älteste Leuchtturm auf der Insel Pharos vor dem ägyptischen Alexandria gestanden haben. Er gehörte wohl zu den sieben Weltwundern.

Als erster Leuchtturm der Welt wird der „Pharos vor Alexandria“ angesehen.

Das Bauwerk wurde wahrscheinlich um 297 vor Christi Geburt errichtet. Das

Der älteste Leuchtturm Deutschlands aus dem Jahr 1539 steht in Travemünde.

monumentale Bauwerk der Antike mit einer Höhe von 133 m wurde etwa innerhalb von 17 Jahren erbaut. Durch ein Erdbeben stürzte der gewaltige Bau nach ungefähr 1.600 Jahren ein.

In Europa war im spanischen La Coruña der „Torre de Hércules" einer der ersten Leuchttürme.

In Deutschland errichteten die Hanse-Städte Lübeck und Wismar im 13. Jahrhundert die ersten Kerzen-Laternen oder Holzfeuer in Travemünde und auf den Inseln. So stand 1226 das älteste Lichtzeichen Schleswig-Holsteins an der Mündung der Trave in Travemünde.

Früher bedeutete jeder neu errichtete Leuchtturm mehr Sicherheit für die Seefahrt und eine Hilfe bei der Navigation der Schiffe in den gefährlichen See- oder Flussgebieten. Seit vielen Jahren sinkt die Notwendigkeit von Leuchttürmen durch neue technische Entwicklungen.

Funkfeuer, Radar und Satellitennavigation haben die Leuchttürme zur Standortbestimmung oft abgelöst.

Unterelbe/Hollerwettern

Position: 53° 50' 21.79" N, 9° 21' 15.83" O

Auf der Unterelbe fuhren die Schiffe einst nur bei Tageslicht und vermieden die Gefahren einer Fahrt bei Dunkelheit oder schlechten Sichtverhältnissen im schmalen Fahrwasser des gezeitenabhängigen Stromes. In der Dampfschiffzeit wurde eine Befeuerung auf der Unterelbe gebaut. Die Elbe ist einer der meistbefahrenen Großschifffahrtswege der Welt. Die Befeuerung musste mit der Entwicklung der Schiffe immer Schritt halten. Die schnelleren und größeren Schiffe erfordern heute bessere und höhere Leuchtfeuer-Anlagen.

Die alten Leuchthäuschen wurden ersetzt. Leider fielen auch die originellen Bauwerke den Abbruchgeräten zum Opfer. Durch die Fahrwasserveränderungen wurde 1982 auch das Feuer des alten Leuchtturms Hollerwettern nach 71 Jahren außer Dienst gestellt. Der in dunklem Rot gestrichene viereckige Turm mit runder heller Laterne und spitzer Kuppel ist wohl der schönste Leuchtturm am Nord-

Das alte Leuchtfeuer Hollerwettern ist in das Denkmalbuch eingetragen.

Einer der neuen Türme der Richtfeuerlinie.

ufer der Unterelbe. Er ist eine Kombination eines Leuchtturms mit einem integriertem Wohnhaus hinter dem Deich und hat eine Höhe von 18 m. Der Turm ist ein gut erhaltenes Relikt der Leuchtturmarchitektur in Schleswig-Holstein. Er wurde 1910/11 erbaut und war als Unterfeuer bis 1982 in Betrieb. Das Leuchtfeuer wurde durch eine moderne Richtfeuerlinie aus Ober- und Unterfeuern in der nahen Umgebung ersetzt.

Helgoland

Position: 54° 10' 54.71" N, 7° 52' 56.38" O

2

Die etwa 50 m hohe Felseninsel Helgoland ist schon von der Natur her ein nicht zu übersehendes Seezeichen in der Deutschen Bucht. Jedoch ist der rote Felsen in der Dunkelheit mit den umliegenden Riffen für die Schifffahrt gefährlich. Für die Bewohner waren die Strandungen vor der Insel früher oft ein lukratives Geschäft, deshalb waren sie nicht begeistert von einer Befeuerung auf dem Oberland. Um 1629 gab es auf der Insel ein Steinkohlefeuer in einem Eisenkorb, jedoch war der Kohleverbrauch immens.

Die Insel wurde 1714 dänisch und Engländer besetzen sie nach Beginn der verhängten Kontinentalsperre. Der Felsen wurde bald zum illegalen Umschlagplatz. Für die Besatzer war es wichtig, das die Insel auch nachts zu finden war. So wurde schnell die Befeuerung verbessert. Schon 1777 wurde ein kubischer Backsteinturm als Kohlenblüse eingerichtet. Das Kohlenfeuer der Blüse wurde durch eine Kerzenlaterne ersetzt. Danach

Der ehemalige Flakturm auf Helgoland.

Durch die vielen Antennen ist das Bauwerk kaum als Helgoländer Leuchtturm zu erkennen.

wurde ein 67 m über NHN hoher Leuchtturm gebaut und 1811 in Betrieb genommen. Zur verglasten Laterne, in der ein Doppelkranz mit 24 Parabolscheinwerfern untergebracht war, führten 72 Stufen. 1872 erfolgte der Einbau einer sehr großen Fresnelschen Gürtellinse.

Nachdem die Insel 1890 durch ein Tauschgeschäft wieder deutsch wurde, sollte ein neues Leuchtfeuer mit sehr großer Tragweite eingebaut werden. Das neue Schnellblitzfeuer mit einer Reichweite von 23,3 Seemeilen wurde 1902 in Betrieb genommen.

Der aus gelblichen Klinkern gebaute 36 m hohe Turm wurde mehrfach in den nächsten Jahren farblich umgestaltet.

Der runde Leuchtturm auf dem Felsen blieb im Ersten Weltkrieg bei den Sprengungen der Hafenanlagen unversehrt. Erst 1945 als englische Bomber ihre todbringende Last auf die Insel warfen wurden alle Häuser und auch der Leuchtturm zerstört.

Der ehemalige, viereckige Flakturm aus dem Jahr 1941 mit meterdicken Betonmauern, Befehlsstand während des Zweiten Weltkrieges, ist das einzige Gebäude der Hochseeinsel, das die schweren Zeiten überdauert hat. Der Turm bekam einen neuen Klinkermantel und dient seit 1. Juli 1965 wieder als das Hauptfeuer der Insel für die Schifffahrt. Die Feuerhöhe ist 82 m. Als Kennung feuert er wie früher alle 5 Sekunden einen Blitz. Es ist eines der stärksten Leuchtfeuer in der südlichen Nordsee und hat eine Reichweite von 28 Seemeilen. In klaren Nächten ist das Licht noch vom Festland aus über dem Horizont (St. Peter-Böhl, 68 km) zu erkennen. Der rotbraune, viereckige Ziegelturm steht auf dem Oberland und wird seit 1988 automatisch betrieben.

Auf der Düne, die in der Silvesterflut 1720/21 vom Felsen abgetrennt wurde, entstand 1936 der 15 m hohe, rot-weiß gestreifte Leucht-

Der kleine Leuchtturm auf der Helgoländer Düne.

turm mit einer Feuerhöhe von 17 m. Er wurde aus vorgefertigten Gusseisenteilen am Südstrand errichtet. Der 1953 modernisierte Leuchtturm wird seit 1982 von Helgoland aus ferngesteuert.

Büsum

Position: 54° 7' 37" N, 8° 51' 30" O

3 Die Hafeneinfahrt zum ältesten Hafenbecken wurde erstmals 1878 mit einer Petroleumlaterne an einem etwa 3 m hohen Holzpfahl gekennzeichnet und stand bis 1913 auf dem Deich. Es handelte sich um einen 1,5x1,5 m breiten und 2 m hohen Turm, der

Mast ragte 6 m hoch. Die Lampe hatte allerdings nur eine unzureichende Leuchtkraft. Das Büsum erst Ende des 19. Jahrhunderts eine Befeuerung erhielt, liegt daran, das die Dithmarscher Küste lange für die Kapitäne der Schiffe feindlich angesehen wurde.

Das Wattenmeer unterliegt einem stetigen Wandel durch Auf- und Abspülungen von Sandbänken und Schlick. Die Fahrrinne musste und muss immer wieder neu eingerichtet werden. Ein urlaubender Ingenieur aus Düsseldorf erkannte die Probleme und wollte ein sehr modernes Lichtsignal bauen. Der Kurgast ließ 1900 ein etwa 30 m hohes Eisengerüst mit einer Windturbine aufstellen. Es sollte den Strom für das

Ein originalgetreuer Nachbau des ersten Büsumer Leuchtturms.

Der Leuchtturm in Büsum am Museumshafen.

Leuchtsignal erzeugen. Aber in Büsum gab auch windstille Tage, dadurch wurde kein Strom erzeugt und 1901 wurde das Projekt wieder eingestellt. Durch die Küstenfischerei (Krabbenfang) nahm der Verkehr zum Hafen immer weiter zu, deshalb wurde ein neuer kegelstumpfförmiger Leuchtturm erbaut. Das gemauerte Fundament ruht auf 41 Holzpfählen, darauf kam der Turm aus 55 t Gusseisenplatten. Das Bauwerk wurde Ende 1912 vom Königlichen Wasserbauamt eingeweiht und 1913 nahm der damals schwarz (bis Anfang der 50er Jahre des 20. Jahrhunderts) gestrichene Leuchtturm seinen Betrieb auf. Der heutige weiß-rote Leuchtturm hat einige bullaugenähnliche Fenster und besitzt über den vergitterten Umläufen ein Dach aus Kupferblech.

Die Tragweite der Farbsektoren ist unterschiedlich.

Die Feuerhöhe liegt auf 22 m über dem

MThw. Als Lichtquelle des Turmes dient eine 500-Watt-Lampe. Die Reichweite der Farbsektoren ist unterschiedlich: weiß 17 und rot 14 Seemeilen.
In direkter Nähe des Turmes wurde 2019 ein Gebäude errichtet, das den Leuchtturm überragt. Es versperrt die Sicht der Schiffsführer von der Süderpiep, infolgedessen wurde am neuen Haus ein Ersatzleuchtfeuer installiert, das nun in den betreffenden Sektor strahlt.

St. Peter-Böhl

Position: 54° 17' 45" N, 8° 39' 1" O

4 An der Südseite der Halbinsel Eiderstedt steht ein gedrungener Leuchtturm. Er wirkt stabiler als andere an der Westküste. 1745/57 standen auf der Deichkrone bereits zwei hölzerne Baken, die ausgebaut wurden. 1892 wurde mit rot-braunen Hartbrandklinkern der runde Turm als Tagessichtzeichen gebaut und 1914 bekam er sein Leuchtfeuer, eine Laterne mit Petroleumglühlicht, ab 1938 mit elektrischem Glühlicht. Die Konstruktion des Laternenhauses besteht aus Gussei-

Der Böhler Leuchtturm an der Eidermündung.

sen, die Verkleidung aus Stahlblech und das spitze Dach aus Kupferplatten. Der Turm auf dem Deich ist 18,4 m hoch und die Feuerhöhe beträgt 23,4 m über NHN. Sein weißes Licht reicht 16,5 Seemeilen, sein rotes 13,3 Seemeilen weit. In Verbindung mit anderen Seezeichen ermöglicht er die sichere Schifffahrt im Fahrwasser der sehr breiten Eidermündung mit ihren vielen gefährlichen Sandbänken und ebenfalls im Fahrwasser der Mittelhever.

Hier war einst der westliche Ausgangspunkt der 1784 eingerichteten Schiffsverbindung zwischen Nord- und Ostsee, bis 1895 der jetzige Nord-Ostsee-Kanal eröffnet wurde.

Westerheversand

Position: 54° 22' 24.1" N, 8° 38' 23.7" O

5

Der Heverstrom im Norden der Halbinsel Eiderstedt machte den Bau eines Leuchtturmes nötig. Der Gezeitenstrom hatte sich im riesigen nordfriesischen Wattenmeer gebildet und aufgrund des ständig ein- und ausströmenden Wassers ist er für die

Schifffahrt oft unberechenbar. Im Jahr 1847 wurden hier schon auf einer Sandbank Spierenbaken zur Orientierung aufgestellt. Trotzdem strandeten immer noch viele Schiffe, weshalb der rot-weiß geringelte Leuchtturm errichtet wurde. Er gilt heute nicht nur als Wahrzeichen von Eiderstedt sondern gehört zu den markantesten Punkten an der Westküste Schleswig-Holsteins. Der Turm wurde in den Jahren 1906/07 gebaut. Im Watt wurde eine 5,4 m hohe Warft als Hochwasserschutz aufgeschüttet. In ihrem Kern trieb man damals 127 etwa 13 m lange Eichenstämme tief in Erde. Darüber wurde ein Betonsockel von 11 m Durchmesser tief in den Untergrund gegossen. Der Turm wurde aus 608 Gusseisensegmenten zusammengeschraubt. Die

Der historische Klinkerweg zum Leuchtturm.

Die Kennung ist durch vorgesetzte weiße, rote

und grüne Scheiben in Sektoren aufgespalten

Segmente hatten ein Gewicht von 130 t. Der 9-stöckige Leuchtturm wurde 1908 in Betrieb genommen. Er erreicht eine Höhe von 40 m. Das Feuer liegt 41,5 m über dem MThw, es ist eine moderne 2.000-Watt-Xenon-Kurzbogenlampe mit einer Lichtstärke von 183.000 Candela. Die Kennung ist durch vorgesetzte weiße, rote und grüne Scheiben in verschiedenfarbige Sektoren aufgespalten. Sie zeigen den Schiffen die Einfahrt durch die Hever nach Husum und die Einfahrt in die Eider.
Der Leuchtturm vor dem Deich ist für Besucher auch von innen zu besteigen. Nachdem man die 157 Stufen erklommen hat, eröffnet sich ein grandioser Blick auf den Nationalpark Wattenmeer. Trauungen finden im vierten Stock statt.
In den beiden seitlichen Häusern wohnten die Leuchtturmwärter. Diese Häuser beherbergen nun das „Nationalpark Seminarhaus" und bietet Schulen sich während eines Aufenthaltes direkt im Nationalpark intensiv mit dem Schutz dieser Landschaft zu beschäftigen.

Pellworm

Position: 54° 29' 46.6" N, 8° 39' 57.5" O

An der Südseite der eingedeichten Marschinsel Pellworm steht hinter dem Seedeich der Leuchtturm. Beim Bau des Turmes im Jahr 1907 wurden 127 Eichenpfähle bis zu 14 m in den weichen Marschboden gerammt, um den gemauerten Sockel und den mit weißen Band versehenen Turm zu tragen. Auf diesen Sockel wurden für den Turm 608 vorgefertigte Gusseisensegmente verschraubt. Bullaugenförmige Fenster und eine schwarze Laterne mit zwei Umläufen zieren den 41,5 m hohen Turm. Das Dach wurde aus Kupferblech gefertigt

Das Quermarkenfeuer mit einer Feuerhöhe von 37,8 über MThw hat eine geschliffene Gürtellinse und sichert den nördlichen Seeweg der „Norderhever" und der „Süderaue". Das Feuer wird vom Schifffahrtsamt in Tönning gesteuert.

Südwestlich von Pellworm liegt der Süderoogsand. Einst sind hier unzählige Segelschiffe gestrandet und von der Brandung

Ein Ausflugsziel ist der Leuchtturm Pellworm.

zerschlagen worden, darum wurde eine stabile Leucht- und Rettungsbake auf der Sandbank errichtet. Auf der neuen hölzernen Bake sitzt ein Laternenhaus. Es wird mit Solar- und Windenergie betrieben. Das Leuchtfeuer (18 m über MThw) hat eine Tragweite von 15,5 (weiß) und 12,5 (rot) Seemeilen und dient als Quermarkenfeuer für das Fahrwasser „Hever".

Seit 1867 steht eine Bake auf Süderoogsand.

OLAND

Position: 54° 40' 29" N, 8° 41' 13" O

7

Der Leuchtturm auf der alten Hallig Oland ist 7,5 m hoch und gehört zu den kleinsten. Vom Backsteinbau, der auf einem Feldsteinsockel steht, strahlt der Lichtschein seit 1929 als Quermarkenfeuer, je nach Richtung in den Farben: Weiß, Rot oder

Der kleine Leuchtturm auf der Hallig Oland.

Grün. Es markiert die Kursänderung in das „Dagebüller Fahrwasser“.
Die Besonderheit des Leuchtturms ist das Krüppelwalmdach, es ist mit Reet gedeckt und das ist einzigartig in Deutschland.

Dagebüll

Position: 54° 43' 31.01" N, 8° 41' 59.54" O

8

Der architektonisch ungewöhnliche Turm mit seinem spitzen Dach sieht eigentlich gar nicht wie ein Leuchtturm aus. Er ist auch seit 1988 nicht mehr in Betrieb. Das ehemalige Seezeichen, nicht weit vom Lorendamm zu den Halligen Langeneß und Oland, steht direkt hinter dem Seedeich auf der „Dyenswarft". Der viereckige Turm dient heute als Ferienwohnung.

Der ehemalige Leuchtturm in Dagebüll.

Auf 36 Holzpfählen, die sieben Meter in den Grund hinabgetrieben wurden, steht der aus Backsteinen gemauerte zweigeschossige Turm auf einem Sockel aus Feldsteinen.
Besonders markant war die gemauerte achteckige Laterne auf dem Turm.
Der unter Denkmalschutz stehende Turm dient nur noch für Wanderer als Landmarke.

Langeness

Position: 54° 38' 14" N, 8° 36' 47" O

9

Auf der massiv befestigten und nicht mehr bewohnten Peterswarft steht seit 1902 ein Leuchtturm. Der etwas schiefe Turm ist 11,5 m hoch, die Feuerhöhe liegt 13,2 m über MThw. Das Leuchtfeuer dient als Leit- und Quermarkenfeuer für das Fahrwasser „Süderaue". Der Turm wurde 1926 durch eine Seemine stark beschädigt und bekam eine Schieflage. Im Jahr 1953 wurde er umfassent repariert und bekam eine rotbraune Ziegelfassade.
Der Leuchtturm kann nicht von innen besichtigt werden und steht unter Denkmalschutz.

Der etwas schiefe Leuchtturm auf Hallig Langeneß.

Der quadratische Leuchtturm steht direkt am Strand.

Föhr

Position: 54° 40' 50.82" N, 8° 33' 58.64" O

Auf einem Geestrücken auf der Südosthuk der grünen Insel Föhr steht der quadratische Leuchtturm Olhörn. Der Vorgänger ab 1892 war eine Leuchtbake. Der rot-braune 8 m hohe Klinkerturm mit begehbarer Plattform und eiserner weißer Laterne am Olhörnsweg sichert die Schifffahrt im Fahrwasser der „Norderaue“. Der Turm ist ein Orientierungs- und Quermarkenfeuer. Die lichtstarke Gürtellinse hat eine Reichweite von 13 Seemeilen.

Auf der Südseite der Insel bei Nieblum steht seit 1981 ein kleiner Leuchtturm, mit weißem Band und roter Laterne.

Der kleine Leuchtturm in Nieblum.

Leuchtfeuer Amrum auf der Großdüne.

Das Leuchtfeuer des aus Aluminium gefertigten Turmes führt die Schiffe durch das Fahrwasser der „Norderaue“.

Amrum

Position: 54° 37' 52.24" N, 8° 21' 16.91" O

11

Mit 41,8 m ist der 1875 im Süden der Insel Amrum erbaute Turm einer der höchsten an der norddeutschen Küste.
Für den Bau musste das Material vom tideabhängigen Hafen in Steenodde zum Bauplatz in den Dünen gebracht werden. Es wurden mehrere tausend Tonnen Steine für das Fundament, das Kellergewölbe und das dicke Vollsteinmauerwerk, sowie für das Wohnhaus des Wärters benötigt.
Der Bau steht auf der 25 m hohen Großdüne. Dadurch hat er eine Feuerhöhe von 63,4 m über MThw. Die Optik besteht aus einer 2,7 m hohen und 2,9 t schweren Fresnel-Linse. Die Tragweite des weißen Lichtes ist mit 23,3 Seemeilen gewaltig. Das Feuer warnt die Schiffe vor den Untiefen und den vor dem Kniepsand liegenden Sandbänken.

Die Optik besteht aus 16 geschliffenen Linsenfeldern.

Im Sommer kann der Leuchtturm mit den zwei weißen Bändern von innen besichtigt werden. 297 Stufen führen vom Fuß der Düne auf die Aussichtsplattform mit Rundbalkon. Von hier aus hat man einen schönen Blick auf die Nachbarinseln Föhr und Sylt.

Hörnum

Position: 54° 45' 14.48" N, 8° 17' 31.73" O

12 Der 33,5 m hohe Leuchtturm in Hörnum auf der Südspitze der Insel Sylt wurde 1906/07 gebaut und er steht auf der 17 m hohen „weißen Düne". Für den achtgeschossigen Turm wurden über 600 Gusseisen-Einzelsegmente (80 x 90 cm Größe) verschraubt.

Das Lampenhaus befindet sich 48 m über

Der Leuchtturm Hörnum kann besichtigt werden.

NHN, die Reichweite des Lichtes beträgt 20,1 Seemeilen. Der Lichtstrahl soll u. a. die Fahrrinne zwischen Amrum und Föhr bezeichnen und die Einfahrt in den Hafen erleichtern. Von der Galerie in luftiger Höhe hat man einen herrlichen Blick über die Odde und die Inseln Amrum und Föhr.
Eine Besonderheit des Turmes: Bis 1930 war in einem Obergeschoss die Schule des Ortes in einem runden Klassenzimmer mit Bullaugen untergebracht.

Kampen

Position: 54° 56' 46.43" N, 8° 20' 26.45" O

13 Das 40,3 m hohe, schwarz-weiße Bauwerk Leuchtfeuer Kampen ist der höchste Leuchtturm auf der Insel Sylt. Die Feuerhöhe liegt 62 m über dem MThw. Er wurde 1855/56 unter dänischer Herrschaft gebaut. König Frederik Kurt Christian VII. war damals auch Herzog von Schleswig und Graf von Holstein. Der Turm wird seit 1929 elektrisch betrieben.
Die weiße Bemalung mit schwarzen Ring ist

Der höchste Leuchtturm der Insel Sylt steht in Kampen.
Die Signatur von Frederik VII. ist noch vorhanden.

aus dem Jahr 1953. Der vorher graue Turm sollte auch bei Tageslicht zu erkennen sein. Das Leuchtfeuer hat nach wie vor große Bedeutung für die Schifffahrt. Der Turm steht heute unter Denkmalschutz.

List

Position: 55° 3' 10.56" N, 8° 24' 5.12" O

14 Die beiden nördlichsten Zwillingsleuchttürme Deutschlands stehen nur 2,7 km voneinander entfernt auf dem Ellenbogen der Insel Sylt. Beide weisen der Schifffahrt den Weg in das „Lister Tief".
Die Leuchttürme wurden 1857 erbaut, als Sylt noch zum Königreich Dänemark gehörte.
Der westliche ist 2 m niedriger als der östliche, aber baugleich. Der 11,3 m hohe Turm in den Dünen „List-West" ist weiß und hat ein rotes Laternenhaus.
Er hat nicht nur den nördlichsten Standort in Schleswig-Holstein, sondern ist auch der älteste aus Gusseisen gebaute und aktive Leuchtturm in Deutschland. Die Feuerhöhe

Der Turm List-West ist der nördlichste Deutschlands.

liegt 19 m über NHN. Das Feuer wurde zunächst mit einem Petroleumbrenner betrieben. 1914 musste die baufällige Laterne erneuert werden und seit 1936 wird der Turm elektrisch betrieben.
Der zweitnördlichste und ähnliche Turm „List-Ost“ mit dem roten Streifen, ist mit 13,6 m das höhere Bauwerk. Lange Zeit war der Leuchtturm an der Steilkante absturzgefährdet, aber seit einigen Jahren ist die Erosion der Küste durch Sicherungsmaßnamen zum Stillstand gekommen.

Die Feuerhöhe ist mit 22 m nur etwas höher als beim Zwilling. Der rot-weiß gestreifte Leuchtturm dient als Leit- und Quermarkenfeuer für das Fahrwasser „Lister Tief“ mit einem Leitsektor für das „Hoyer Dyp“.
Das zuerst mit Gas betriebene Feuer wurde 1936 auf elektrisches Licht umgestellt. Den Strom erzeugte ein Aggregat im Leuchtturm West.
Zu besichtigen sind die Leuchttürme nicht.

In der Nähe des Leuchtturmes List-Ost steht auch das nördlichste Haus Deutschlands.

Holnis

Position: 54° 51' 42.28" N, 9° 34' 24.29" O

15 Alle Schiffe in der Flensburger Förde müssen um die Halbinsel Holnis herumfahren. Dadurch ist hier ein idealer Standort für einen Leuchtturm.

1896/97 wurde in Schausende ein viereckiger Backsteinturm gebaut. Der 13 m hohe Turm hatte im obersten Stockwerk an drei Seiten Mauerdurchbrüche, hier stahlte das Licht hinaus. Als der Turm baufällig wurde, lohnte es nicht mehr diesen zu sanieren. Daher wurde ab 1964 direkt neben dem alten Standort ein neuer 27 m hoher Turm errichtet und 1967 fertiggestellt. 1980 wurde der alte Turm zurückgebaut. Der Turm wurde auf einer dicken Betonplatte von etwa 8 m Durchmesser auf dem eiszeitlichen Moränensand gebaut. In Gleitbauweise aus Stahlbeton wuchs der doppelt so hohe Turm empor und wurde mit weißen und roten Fliesen verkleidet.

Von hier wird den Schiffen der Weg durch die Förde gezeigt. Zugleich zeigt er den Verlauf der deutsch-dänischen Grenze in der Förde an.

Der Stahlbetonturm auf der Halbinsel Holnis.

Das Leuchtfeuer Kalkgrund hat drei Galerien.

Kalkgrund

Position: 54° 49' 30.9" N, 9° 53' 21.23" O

16

Das rote Feuerschiff „Kalkgrund“ markierte seit 1876 in der Geltinger Bucht die Untiefe Kalkgrund. Aus technischen Gründen wurde 1963 das Feuerschiff durch einen festen Leuchtturm, etwa 2 km südlich der Position des Feuerschiffs, ersetzt.

Das Bauwerk, über Wasser 24,5 m hoch, wurde auf einem Betonfundament gegründet. Das Fundament ist auf 24 Stahlpfählen, die bis 30 m in den Ostseegrund getrieben wurden, errichtet. Der rot-weiß geflieste Leuchtturm hat drei Galerien und es ist der erste vollautomatisch arbeitende und durch Funk fernüberwachte Leuchtturm in Schleswig-Holstein. Er wurde 1963 in Betrieb genommen. Ein 4 km langes Hochspannungskabel, von der Geltinger Birk, versorgt den Turm mit Strom.

Bei Nacht wird der Turm angestrahlt. Er hat eine Tragweite von: weiß 14, rot 13 und grün 12 Seemeilen. So wird die Schifffahrt vor der gefährlichen Untiefe gewarnt.

Ehemaliges Leuchtfeuer Falshöft.

FALSHÖFT

Position: 54° 46' 1.5" N, 9° 57' 54.2" O

17

Da heutzutage meistens per GPS navigiert wird, haben einige Leuchtfeuer an der Küste immer mehr an Bedeutung verloren. Auch das Leuchtfeuer Falshöft wurde 2002 gelöscht, es war seit 1910 in Betrieb.
Der Turm, der heute als der Hochzeitsturm bekannt ist, wurde von 1908 bis 1910 aus Gusseisenelementen zusammen geschraubt. Die Gründung des Leuchtturms erfolgte auf einem gemauerten Sockel. Wie auch der Turm Kalkgrund warnte er mit seinem roten Licht

vor den Untiefen „Kalkgrund“ und „Bredgrund“ in der Einfahrt der Flensburger Förde. Der Leuchtturm mit dem Trauzimmer in der dritten Etage kann von innen besichtigt werden.

Schleimünde

Position: 54° 40' 17.22" N, 10° 2' 10.57" O

18

Die heutige Mündung der Schlei wurde erst Ende des 18. Jahrhunderts künstlich geschaffen. Die neue Nordmole erhielt 1871 einen kleinen Leuchtturm, der ein wichtiges Glied in der Leuchtturmkette ist. Modernisiert wurde der 14,3 m hohe Turm im Jahr 1907 und mit einer größeren Laterne versehen. Seit 1963 funktioniert diese automatisiert. Das Feuer ist 14 Seemeilen sichtbar.
Das Bauwerk auf der Mole, das nur mit einem Boot erreichbar ist, bietet einen besonderen Rekord: Kein anderer Leuchtturm wurde so oft umgemalt. Zunächst gelb, ab 1890 dunkel grau, wieder gelb, 1910 hellgrau, 1920 schachbrettartig rot-weiß, schwarz-weiß gewürfelt, weiß mit grünem Band, weiß mit

Leuchtturm Schleimünde auf der neuen Nordmole.

schwarzem Band und ab 2015 weiß mit grünem Band.
Eigentlich sind Hafeneinfahrten, von See gesehen, rechte Seite durch grün-weiß zu kennzeichnen. So hat der Turm nun die richtigen Farben.

Eckernförde

Position: 54° 27' 34.5" N, 9° 50' 34.02" O

19 Schon 1864 soll die Stadt ein Richtfeuer gehabt haben, ein richtiger Leuchtturm wurde 1907 am Klintbarg in einer Höhe von 40 m über NHN gebaut. Es handelte sich um ein erhöhtes Wohnhaus mit einem Leuchtraum im Obergeschoss. Jedoch gab es Ärger, denn das Leuchtfeuer führte fast durch das Übungsgebiet der Torpedolaufbahnen. Ein roter Warnsektor zeigte das Sperrgebiet an.
Im 1985/86 konnte dann endlich ein neuer ferngesteuerter 27,1 m hoher Leuchtturm 575 m weiter nördlich in Betrieb genommen werden. Das Bauwerk sieht ungewöhnlich aus, denn es ist ein grauer viereckiger Stahlbetonbau. Die beiden auskragenden Plattfor-

Das Leuchtfeuer am Klintbarg in Eckernförde und der ausgediente blau-gelbe Leuchtturm am Hafen.

men sind zur Ostsee gerichtet. Hier dient eine 2.000 Watt starke Hochdrucklampe in Verbindung mit einer Frensnel-Linse als Lichtquelle. Das Licht ist in 21,6 Seemeilen noch zu erkennen. Der Turm warnt als Leitfeuer in der Eckernförder Bucht vor den Untiefen „Mittelgrund“ und „Stollergrund“ sowie dem Sperrgebiet der Bundesmarine.
Am Hafen steht noch ein ausgedienter Leuchtturm. Er ist 12 m hoch und hatte eine rote Laterne. Er wurde 1981 durch einen moderner Leuchtturm auf der Mole am Jachthafen ersetzt und dieser dient nun als Leitfeuer zur Ansteuerung des Hafens. Der alte Turm blieb erhalten und ist blau-gelb gebändert um Verwechslungen auszuschließen.

Kiel

Position: 54° 29' 58.62" N, 10° 16' 25.26" O

20 Der im Jahr 1964/67 erbaute Leuchtturm ersetzte etwa 20 km nordöstlich der Stadt, in der Kieler Außenförde, das Feuerschiff „Kiel“. Es diente gleichzeitig als Lotsenversetzstation. Hier in der Außenförde lag

bereits 1892 das erste Feuerschiff. Ab 1904 waren es sogar zwei weitere Feuerschiffe, die den Schifffahrtsweg sicherten.
Das feste Bauwerk am Knotenpunkt der Verkehrsströme vom und zum Nord-Ostsee-Kanal und dem Kieler Hafen wurde in einmaliger Bauweise errichtet. Es wurden drei große, an Land hergestellte Beton-Schwimmkästen über den vorbereiteten Untergrund geschleppt. Die Kästen wurden versenkt und mit Sand gefüllt. So wurden aus den Kästen Molen.
Auf diese neuen Molen wurde mit dem Schwimmkran „Hiev" der vorgefertigte 35 m hohe und 55 t schwere Aluminium-Leuchtturm gesetzt. Auf den Turm wurde anschließend die Laterne aufgesetzt. Er dient als Leitfeuer für die Zufahrt in die Kieler Förde und bezeichnet auch mit roten Warnsektoren die Begrenzung der „Stollergrundrinne" und das „Gabelsflach".
Die 50 m langen Molen stehen im rechten Winkel zueinander, sodass die Lotsenversetzboote bei jeder Windrichtung einen sicheren Liegeplatz in Lee haben.

Etwa 4 sm vor der Küste steht der Leuchtturm Kiel

am Knotenverkehrspunkt in der Außenförde.

Im neuen Turm sind im mittleren Teil alle wichtigen Einrichtungen untergebracht, sogar Hubschrauber können notfalls auf der westlichen Mole landen.
Vom ständig besetzten Dienstraum werden die Lotseneinsätze gesteuert und die Schiffe zum Nord-Ostsee-Kanal gemeldet.

Bülk

Position: 54° 27' 18.83" N, 10° 11' 50.22" O

21

Nördlich von Strande, auf der äußersten westlichen Landspitze der Kieler Außenförde, steht heute der grün-weiß gebänderte 25,6 m hohe Leuchtturm.

Das Kupferplattendach des alten Leuchtturms.

Noch unter dänischer Herrschaft wurde auf der Huk schon 1807 ein kombiniertes Lotsen- und Leuchthaus auf der Landspitze der Kieler Förde gebaut. Im Jahr 1843 zerstörte ein Blitzschlag das Anwesen.

Der Sockel, den die Dänen gebaut haben, ist noch unter dem neuen Leuchtturm vorhanden.

Als Ersatz wurde ein 16 m hoher Turm mit einem kleinen Drehlinsenfeuer gebaut.
Der Bau des heutigen Leuchtturms begann 1862/63. Als Gründung wurde nach dänischer Art ein Findlingsstapel errichtet und darauf ein etwa 4 m dickes Fundament gemauert. Aufgrund des Deutsch-Dänischen Krieges vollendeten die Preußen den Bau erst 1865. Der war damals noch weiß und hatte ein rotes Band. In der Laterne befand sich eine Gürtellinse.
Der 25,6 m hohe Turm wurde 1970 modernisiert, die Höhe um 2 m zurückgebaut und er erhielt ein schwarzes Band.

Der Leuchtturm Bülk mit der neuen Radarantenne.

2013 wurde auf dem Dach der Laterne eine Radarantenne aufgesetzt. Der Leuchtturm dient als Orientierungsfeuer für die Einfahrt in die Kieler Förde, der rote Warnsektor markiert die Untiefe „Stollergrund".
Die Tragweite des Feuers beträgt für das weiße Licht etwa 14 Seemeilen.
Von der Galerie hat man einen schönen Ausblick auf die Außenförde.

Friedrichsort

Position: 54° 23' 25.98" N, 10° 11' 36.24" O

22

An der engsten Stelle (1,9 km breit) der Kieler Förde stand ab 1807 eine hölzerne Leuchtbake. 1815 wurde ein sogenanntes Leuchthaus auf der Prinz-Georg-Bastion, der alten Festung, in Betrieb genommen. Sie war ein Ansteuerungspunkt für den 1784 eröffneten Eiderkanal.
Auf der vorgelagerten Sandbank entstand eine eiserne Leuchtbake, die durch Eismassen im Winter 1863/64 zerstört wurde. Danach wurde 1866 der damals 11 m hohe Leuchtturm aus gelben Klinkern mit einer Gürtel-

Der Turm in Friedrichsort wird nachts angestrahlt.

linse in der Laterne gebaut. 1889 wurde die Feuerhöhe zum ersten Mal auf 14,5 m erhöht.
Da die Schiffe in der Förde immer größer wurden und dem Leuchtturm über den Kopf wuchsen, wurde 1971 gleich daneben ein höherer Leuchtturm (31,7 m) gebaut. Für den Bauplatz wurde extra eine 1.500 m^2 große Sandbank aufgespült. Die Sandbank mit dem Leuchtturm wird im Norden von einer Findlingsmauer geschützt. Der runde, weiße Stahlbetonbau steht auf 12 Gründungspfählen die 30 m in den Boden gerammt wurden. Der Laternenkopf ist grün-weiß gebändert. Die Gürtellinse des alten Turms aus dem Jahr 1936 ist noch in Betrieb.

Holtenau

Position: 54° 22' 9.29" N, 10° 9' 14.03" O

23

Am Nordufer der Zufahrt zum Nord-Ostsee-Kanal steht der historische 20 m hohe Leuchtturm in wilhelminischer Backsteinarchitektur. Der ungewöhnliche Turm am Tiessenkai wird auch das Drei-Kai-

Der Leuchtturm in Holtenau ist ein Baudenkmal.

ser-Denkmal genannt. Denn im Turm erinnern drei Tafeln an die Bauherren des Nord-Ostsee-Kanals.
Der interessante Turm wurde 1895 eingeweiht. Das 20 m hohe Baudenkmal ist voll funktionsfähig. Als Eingangsfeuer zeigt es den Schiffen, die von der Ostsee kommend in die Schleuse des Nord-Ostsee-Kanal einfahren, den richtigen Weg.
Im unteren Teil des Turmes befindet sich eine Gedächtnishalle und über der Eingangstür ein Bronze-Relief. Darauf reichen sich die

Nordsee und Ostsee reichen sich die Hand.

Meerjungfrauen „Nordsee“ und „Ostsee“ die Hand.

Neuland

Position: 54° 21' 38.34" N, 10° 36' 3.35" O

24

Zwischen den Leuchtfeuern bei Kiel und der Insel Fehmarn war lange eine unbefeuerte Lücke an der Ostseeküste. Genau in der Mitte wurde 1915/16 ein neuer Turm gebaut. Der Turm in der Hohwachter Bucht nahm 1918 seinen Betrieb auf und 1996 erlosch das Leuchtfeuer. Die Lichter reichten 21,5 Seemeilen.

Der 44 m hohe Backsteinturm in der Nähe von Behrensdorf wird heute von der Bundeswehr betrieben. Der alte Leuchtturm zeigt nun die Sperrzeiten für die Schießübungsgebiete Putlos und Todendorf an. Das lichtstarke Signal für Todendorf ist ein gelbes Blitzlicht, für Putlos ist es ein rotes Blitzlicht. Seit 1987 steht der imposante Turm unter Denkmalschutz. Er kann ab und zu von innen besichtigt und für Trauungen genutzt werden.

In der Hohwachter Bucht steht der Warnsignalturm.

HEILIGENHAFEN

Position: 54° 22' 1.8" N, 11° 1' 16.79" O

25

Hinter einer Sandbank war ein natürlicher Hafen im Mittelalter entstanden, der von Schiffen aller Art genutzt wurde. Damit die Schiffe auch bei Dunkelheit zurückfanden, wurde ab 1885 an einem Haus an der Küste eine Laterne aufgezogen. Nach dem Brand des Hauses wurde 1907 ein kleiner etwa 10 m hoher Leuchtturm mit Laterne gebaut, der 1938 von dem jetzigen 14 m hohen Turm ersetzt wurde. Dieser dient als Leitsek-

Die Jahreszahlen erinnern an die Jahre des Umbaus.

Der Turm aus Ziegelsteinen ist 14 m hoch.

tor für die Zufahrt nach Heiligenhafen und die zwei Warnsektoren kennzeichnen die Untiefe „Graswarder Sand“ und „Großenbroder Steinriff“.

Strukkamphuk

Position: 54° 24' 33.72" N, 11° 5' 44.16" O

26

Der nur 5 m hohe, achteckige Leuchtturm Strukkamphuk aus dem Jahr 1896 wurde 1935 durch einen gleich hohen Betonturm ersetzt. Der Turm wurde etwa 20 Jahre mit Flüssiggas, seit 1954 elektrisch betrieben. Die alte Lichttechnik wurde im Jahr 2000 auf den neuesten Stand gebracht und die Fernüberwachung erfolgt von der Zentrale Travemünde aus. Das Unterfeuer dient für die Richtfeuerlinie, die den Schiffen die

Das kleine Leuchtfeuer Strukkamphuk.

Durchsteuerung der engen Baggerrinne von Osten ermöglicht und zeigt einen Warnsektor für die Lemkenhafener Wik. Der runde Turm steht westlich der Fehmarnsundbrücke und ist nur zu Fuß erreichbar. Eine Innenbesichtigung ist nicht möglich.

FLÜGGE

Position: 54° 26' 27.35" N, 11° 1' 3.6" O

An der Südwesthuk der Insel Fehmarn wurde 1870/72 ein Leuchtturm gebaut. Vor dem Bau des nur 16 m hohen Turmes stand hier ein markantes Gehölz, das den Seefahrern als Landmarke diente. Im Jahr

Über 162 Stufen erreicht man die Aussichtsplattform.

Einige der nächtlichen Wegweiser der Insel Fehmarn

Der achteckige Leuchtturm Flügge ist 37,5 m hoch.

1916 übernahm ein mehr als doppelt so hoher Turm die Aufgaben seines Vorgängers. Der achteckige 37,5 m hohe Turm sichert die Schifffahrt als Oberfeuer in Verbindung mit dem Unterfeuer Strukkamphuk in der schmalen Fahrrinne des östlichen Fehmarnsundes mit den Untiefen „Flügger Sand“ und „Breiter Barg“.
Der Turm kann von innen besichtigt werden und bietet einen wunderbaren Blick über die Fehmarnsundbrücke hinweg bis nach Staberhuk.

Westermarkelsdorf

Position: 54° 31' 39.03" N, 11° 3' 30.29" O

28

Auch die Nordwesthuk der Insel bei Westermarkelsdorf wurde ab 1881 durch einen Leuchtturm gesichert.
Der kleine 12 m hohe Turm hinter dem Deich überragte nur knapp das Haus des Leuchtturmwärters. Deshalb wurde der achteckige Turm aus Backsteinmauerwerk am Hakenorth nach 20 Jahren um 6 m aufgestockt.

Der historische Leuchtturm in Westermarkelsdorf.

Die seit 1924 verwendete Gürtellinse ist immer noch in Betrieb. Der historische Turm weist der Schifffahrt als Orientierungs- und Warnfeuer den Weg durch den etwa 19 km breiten Fehmarnbelt zwischen dem dänischen Lolland und der Insel Fehmarn. Heute steht der Turm unter Denkmalschutz.
Nebenan befinden sich weitere Einrichtungen der Schifffahrt und eine Messstation des Deutschen Wetterdienstes.

Marienleuchte

Position: 54° 29' 41.89" N, 11° 14' 17.58" O

29

Nahe dem Puttgarden-Riff, auch das „Grab der Segelschiffe“ genannt, baute die dänische Leuchtfeuerbehörde 1831/32 an der Nordostecke einen Leuchtturm, er ersetzte eine Feuerbake. Es war das erste Seefahrtszeichen der Insel und es sollte der Schifffahrt im Fehmarnbelt helfen. Die quadratische Sehenswürdigkeit der Insel wurde zu Ehren der dänischen Königin Marie Sophie Friderike, die zur Einweihung 1832 persönlich anwesend war, Marien-

leuchte genannt. Am Gebäude jedoch wurden die Initialen ihres Gatten, König Frederik VI., mit der Jahreszahl angebracht.

Da das Gebäude nicht mehr im besten Zustand war, und es dadurch nicht erhöht werden konnte, wurde 1964 nördlich ein schlanker 33,1 m hoher Stahlbeton-Leuchtturm errichtet. Die Optik aus dem Jahr 1875 wurde vom alten Turmhaus übernommen und er-

Der Turm „Marienleuchte" aus Stahlbeton.

hielt zwei rote Warnsektoren (Puttgardenriff und Querverkehr über den Kiel-Ostsee-Weg) sowie zwei weiße Orientierungssektoren.
Das Leuchtfeuer ist mit einer drehbaren Gürtellinse ausgerüstet und erzeugt eine Lichtstärke von 722.250 Candela mit einer 400 Watt Lampe. Das Licht ist 9 Seemeilen weit auszumachen.

Am Gebäude befinden sich die Initialen des dänischen Königs Frederik VI. und die Jahreszahl.

Staberhuk

Position: 54° 24' 9" N, 11° 18' 39" O

30

1903 begannen die Arbeiten für den jüngsten Leuchtturm Fehmarns. Aus gelben Backsteinen entstand ein 22 m hoher Leuchtturm und das Wärterhaus. Das runde Bauwerk wurde mit besonders stabilem Fundament und mit massiven Wänden ausgestaltet, denn es sollte das außergewöhnliche Oberteil mit gusseisernen Laternengehäuse, Optik, Galerie und Geländer des 1902 außer Dienst gestellten alten englischen Leuchtturms von der Insel Helgoland tragen. Die 1874/75 in England gefertigte Gürtellinse (Baujahr 1870) ist 2,41 m hoch und 1,84 m breit. Sie besteht aus 33 übereinander gelegten Glasrippen.

Zuerst erzeugte eine Mineralöllampe mit einer 2,65 m hohen Fresnelschen-Linse ein weißes Licht. 1928 wurde das Leuchtfeuer elektrifiziert.

Der Turm mit einer Feuerhöhe von 25,5 m über MW bezeichnet als Orientierungsfeuer mit einer Tragweite von etwa 16 Seemeilen den Fehmarnsund.

Die gelben Steine an der Westseite hielten den Witterungseinflüssen nicht lange stand und wurden gegen wetterfeste rote Ziegel ausgetauscht. Im Jahr 1912 kam ein Haus für den zweiten Leuchtturmwärter hinzu.

Die Steuerung des Turms am südöstlichen Küstenbogen der Insel erfolgt über die Fernüberwachung aus Travemünde.

Der Leuchtturm Staberhuk mit der großen englischen Laterne aus dem Jahr 1870.

DAHMESHÖVED

Position: 54° 12' 6.4" N, 11° 5' 24.86" O

31

Zwischen Dahme und Kellenhusen liegt ein etwas erhöhter Landvorsprung („Höved") am Dahmer Kliff. Hier wurde 1878/79 ein achteckiger 28,8 m hoher Leuchtturm aus rot-braunen Naturziegeln gebaut.

Beliebtes Ausflugsziel der Leuchtturm Dahmeshöved.

Nach dem Ersten Weltkrieg wurde er rot gestrichen und erhielt im oberen Teil ein weißes Band. Seit etwa 1982 ist der Turm wieder in der ursprünglichen Fassung zu sehen. 1978 wurde der Leuchtturm automatisiert und das Nebelhorn abgeschaltet. Das Feuer leuchtet über die ganze Lübecker Bucht und dient in 33,7 m Höhe ebenfalls als Orientierungsfeuer

Der quadratische Turm und das ehemalige Gebäude des Leuchtturmwärtes.

der Schifffahrt der Mecklenburger Bucht. Das Leuchtfeuer wird mit einer 400 Watt Halogenlampe betrieben, die eine Lichtstärke von 140.000 Candela erreicht. Die Kennung wird durch ein Drehlinsensystem erzeugt. Das weiße Licht reicht 23 Seemeilen.
Das angebaute Wärterhaus und das ehemalige Maschinenhaus werden privat genutzt. Der Turm steht unter Denkmalschutz.

Pelzerhaken

Position: 54° 5' 7" N, 10° 52' 1" O

32

1842/43 wurde auf dem Haken vor Neustadt zur Ansteuerung des Hafens ein 12 m hoher Leuchtturm unter dänischer Herrschaft errichtet. Der Leuchtturm ist einer der ältesten in Deutschland. Er wurde 1936 von 12 m auf 19,4 m erhöht und mit braunen Ziegelsteinen ummauert. Die runde Laterne mit einer Feuerhöhe von 21,2 m über MW zeigt ein weißes Licht und ist bis zu 14,7 Seemeilen sichtbar. Das Orientierungsfeuer in der Neustädter Bucht warnt mit dem roten Licht vor der Untiefe „Steinriff".

Position:53° 57' 44" N, 10° 52' 51" O

33

Der erste urkundliche Eintrag eines Hafenzeichen ist 1226. 1330 wird erstmals ein Leuchtturm an der Mündung der Trave erwähnt. Der Turm wurde jedoch durch dänische Truppen zerstört. Im Jahr 1539 wurde er erhöht wieder aufgebaut. Als Leuchtfeuer diente wohl ein offenes Holzfeuer, später waren es Hanf-Öl-Lampen.

Das Fenster auf halber Höhe war früher der Lotsenausguck.

Danach gab es auf dem Turm alle erdenklichen Leuchteinrichtungen: Holz- oder Kohlefeuer, Wachskerzen, Petroleumglühlicht oder elektrische Glühlampen.

Das Fenster auf halber Höhe, diente früher als Lotsenausguck. Der Lotse erspähte die einlaufenden Schiffe und informierte seine Kollegen im Hafen.

1972 wurde direkt neben dem Turm ein

Leuchtturm Travemünde aus dem Jahr 1539.

Hochhaus gebaut und das Leuchtfeuer im Turm wurde verdeckt. Das Feuer im alten Turm wurde 1972 gelöscht und ein neues auf dem Dach des Hochhauses

DerFeuerträgers befindet sich 114,7 m über der Ostsee auf dem Hotel „Maritim".

1974 in Betrieb genommen.

Der alte Turm wurde ein Kulturdenkmal. Das neue Feuer in 114,7 m über NHN auf dem Hochhaus ist nun das höchste in Schleswig-Holstein.

Glossar

Befeuerung = wird in der Seefahrt weitgehend als ortsfestes Lichtsignal zur Navigation bezeichnet.

Feuerhöhe = Bezeichnung für den Abstand zwischen Wasserspiegel und Befeuerung. Aus Kostengründen ist es sinnvoll, den Leuchtturm auf einer küstennahen Anhöhe zu errichten, weil so die Turmhöhe bei gleicher Feuerhöhe niedriger ausfallen kann. In Extremfällen kann es jedoch sinnvoller sein, einen Leuchtturm an einer tiefer gelegenen Stelle zu errichten, wenn er dadurch in klareren Luftschichten steht.

Die höchste deutsche Befeuerung steht 114,7 m über der Ostsee auf dem Hotel „Maritim" in Travemünde.

Fresnel-Linse = (Gürtellinse) wurde um 1822 von dem Physiker Fresnel für Leuchttürme entwickelt. Dadurch wurde eine höhere Lichtausbeute möglich. Die Strahlenablenkung erfolgt senkrecht zur Rotationsachse in der Regel in die Horizontale und das Licht strahlt in alle Richtungen gleich hell. Die erste Gürtellinse führte man 1848 beim Leuchtturm Darßer Ort ein.

Isselburger Hütte = dieses Unternehmen baute die Leuchttürme in Serie, darum sind Büsum, Hörnum, Pellworm, Westerheversand, Helgoland/Düne und Falshöft weitgehend baugleich.

Kohlenblüse = (Auch: Feuerblüse, Blüse, Bliese oder Feuerbake) ist die Vorform der Leuchttürme. Feuerblüsen wurden bis Ende des 19. Jahrhunderts an den Küsten der Nord- und Ostsee errichtet.

Lee = ist die dem Wind abgewandte Seite.

Leuchtturm = ein Turm, der eine Befeuerung trägt. Leuchttürme sind insbesondere nachts weithin sichtbare Schifffahrtszeichen (durch die abgegebenen Leuchtfeuer sowie als Peilmarke) und dienen der Ortsbestimmung, der Warnung vor Untiefen oder der Fahrwassermarkierung.

MW = als Mittelwasser (englisch Mean Sea Level, MSL) bezeichnet man in der Nautik (Seefahrt), Ozeanografie und Hydrologie die über längere Zeit gemittelte Höhe des Wasserspiegels (Wasserstand) an einem ausgewählten Punkt eines Gewässers.

NHN = das Normalhöhennull (NHN) ist die Bezeichnung der Bezugsfläche für die Angabe von Höhen über dem Meeresspiegel in Deutschland

MThw = mittleres Tidehochwasser

Seemeile = eine Nautische Meile sind genau 1852 Meter.

Sektorenfeuer = bezeichnet man ein Leuchtfeuer, das nicht im gesamten Horizontbereich einheitlich leuchtet, sondern in den verschiedenen Richtungen Licht mit unterschiedlichen Kennungen ausstrahlt. Die meisten Sektorenfeuer sind so eingerichtet, dass man im Weißen Sektor fahren sollte. Bei engen Durchfahrten werden auch Richtfeuer eingesetzt.

Tragweite = ein nautischer Begriff und gibt an, wie weit ein Licht eines Leuchtfeuers zu sehen ist.

Weisheiten von Goethe und Schiller
Klassische Küchenkräuter
Klassische Heilkräuter
Klassische Gewürze
Homöopathische Hausapotheke
Gesundheit aus der Tasse
Das Monats- & Feiertagsbüchlein
Großmutters Küchentipps
Großmutters Haushaltstipps
Klassisches Gemüse und Wildgemüse
Klassisches Obst und Wildfrüchte
Mit Bauernregeln durch das Jahr
Kleines Thüringer Bratwurst-Buch
Kleines Thüringer Kloßbuch
Kleines Skatbuch
Cranach – Die Maler der Reformation
Klosterweisheiten
Großmutters Gesundheitstipps
Kleines Usedom-A-Z
Redewendungen auf der Spur
Die Rhino-Westentaschen-Bibliothe
Der Harz von A bis Z
Das kleine Strandbuch
Ilmenau von A bis Z
Futtern wie bei Luthern
bauhaus
Bibelsprüche
Das kleine Buch der Wettiner
Die Thüringer Landgrafen
Kleine Geschichte Thüringens
Der Rasende Roland
Kreuz & quer gedacht
Thüringer Klöster
Wiederentdeckte Kräuter
Besondere Kirchen in Thüringen
Kleine Geschichte Sachsens
Theodor Fontane – landauf, landab
Das kleine Wismarbuch
Der Brocken · Mythos und Wirklichkeit
Das kleine Buch der Thüringer Trachten
Kleines Tucholskybuch
Der Molli
SCHLÖSSER- & BURGENLAND zwischen Saale und Unstrut
RHINOVERLAG
Das kleine Buch der SÄCHSISCHEN BURGEN & FESTUNGEN
RHINOVERLAG
Kleine GESCHICHTE MECKLENBURGS
RHINOVERLAG
Unser komplettes Programm finden Sie im Internet unter: shop.vggh.de
Neuerscheinunge

Thüringer Burgen
Thüringer Kuchen & Plätzchen
Kleines Kürbisbuch
Buddhistische Weisheiten
Großmutters Gartentipps
Weimar von A bis Z
Kleines Berliner Mauerbuch
Rügen von A bis Z
Das kleine Ostseemöwen-Buch
iga, egapark, BUGA – Blumenstadt Erfurt
Heil- und Kräuterschnäpse
Großvaters Handwerkstipps
Weisheiten für den Gartenfreund
Kleines Ringelnatz-Buch
Das kleine Waldbeerenbuch
Das kleine Hochzeitsbuch
Kleine Geschichte der Stadt Erfurt
Kleine Geschichte der Stadt Gotha
Auf den Spruch geklopft
Die Rhino-Westentaschen-Bibliothek
Kleine Geschichte der Hanse
Kleine Geschichte der Stadt Dresden
Die Krämerbrücke
Küstenwind küsst Wüstenkind
August der Starke
Kleines Thüringer Weinbuch
Marzipan & Nougat
Kleines Steakbuch
Das kleine Fehmarn-Buch
Kluge Köpfe rollen am schnellsten
Thüringer Tapas
Kleine Geschichte der Stadt Leipzig
Kleines Thüringer Porzellanbuch
Die deutsche Sprache ist ein Witz
Christian Morgenstern
Brotaufstriche
Das kleine Lavendelbuch
Barbarossa
Kleine Geschichte Sachsen-Anhalts
Suppen
Die Thüringer Bergbahn
Limericks & Schlimmericks
Küstenküche
Der Mini-Bildband RÜGEN
Störtebeker
rühjahr 2024
RHINOVERLAG